Arcidiocesi di Milano

Il balsamo della tenerezza di Dio

CENTRO AMBROSIANO

ISBN: 978-88-8025-911-4

In copertina:
M.I. Rupnik, *La carità dura in eterno* (2000) (part.).
Cappella dell'Hospice Casa Madonna dell'Oliveto,
Montericco di Albinea.
Foto M. G. Codazzi

ITL srl – Via Antonio da Recanate, 1 - 20124 Milano -
02.6713161
www.centroambrosiano.it - E-mail: libri@chiesadimilano.it

Milano, 30 gennaio 2012

Cari ammalati,

desidero rivolgermi a ciascuno di voi per dirvi anzitutto che vi ricordo, che partecipo alla vostra sofferenza, che – insieme con i vostri familiari, con i medici, con il personale infermieristico – vi sono vicino. La prossimità e la condivisione dei nostri fratelli ci aiutano a sentirci meno soli: proprio perché anch'io, come tutti, ho provato il bisogno di una presenza fraterna e ho sperimentato la gioia per il bene ricevuto desidero assicurarvi che sono accanto ad ognuno di voi.

Ma ancor più vorrei che ognuno di voi sentisse accanto a sé il Signore. La fede è un dono grande, che dobbiamo rinnovare ogni giorno superando i dubbi, le incertezze, le paure che fanno parte della nostra natura umana. Ma il Signore c'è e cammina accanto a noi, comprende e accoglie tutte le nostre insicurezze, e nel dolore ci è ancora più vicino. Solo da Lui, infatti, e non da noi, può venire quella speranza che riesce ad illuminare anche i momenti più bui e dona serenità e pace ai nostri cuori.

Prego e pregherò con voi e per voi perché il Signore ci doni di sentire sempre la Sua presenza, di confidare nella Sua parola, di accogliere il Suo amore, e su tutti voi invoco la Sua benedizione.

+ Angelo Card. Scola
Arcivescovo

INTRODUZIONE

Ci sono argomenti di cui si parla con fatica. La malattia e la sofferenza sono tra questi. Eppure c'è un lato oscuro della vita che nessuno vorrebbe affrontare e di cui non si vorrebbe parlare, che chiede il coraggio della vicinanza e di una riflessione attenta e rispettosa. Ascoltare il dolore dell'altro spesso apre all'incontro con ferite e paure che ciascuno porta dentro di sé e da cui ci si protegge.

Le riflessioni che proponiamo sono nate da un'esperienza concreta all'interno del nostro ministero sacerdotale. Da anni condividiamo il dono e la responsabilità dell'accompagnamento dei malati presso l'Istituto Nazionale dei Tumori di Milano. Il confronto con altri sacerdoti e operatori che condividono un servizio simile al nostro e la richiesta da parte del responsabile dell'Ufficio Diocesano di Pastorale della Salute ci hanno spinto a formularle e a metterle per iscritto; anche il dialogo con molte persone che vivono la malattia ci ha ulteriormente incoraggiato in questa direzione. È cresciuto in noi il desiderio di offrire parole che – ci auguriamo – possano servire anche ad altri come sostegno per il proprio cammino di fatica, di sofferenza e di speranza.

Le parole che scriviamo abbiamo anzitutto provato a

custodirle nel cuore. Non sono solo parole nostre, ma anche di altri e proprio per questo avvertiamo la responsabilità di non tradirle nella loro verità. Sono parole cresciute e maturate nel tempo che via via si sono arricchite dell'ascolto e della riflessione di chi si è reso disponibile a condividerle. A loro e a tutte le persone che incontriamo nella bellezza della fatica quotidiana va il nostro ringraziamento e il nostro affetto.

don Tullio e don Giovanni*

*Don Tullio Proserpio e Don Giovanni Sala sono sacerdoti ambrosiani. Da vari anni svolgono il delicato compito di Assistenti Spirituali presso l'Istituto Nazionale dei Tumori di Milano.

1 Entrando in ospedale

La fatica del primo passo

L'ingresso in ospedale è sempre un momento particolarmente delicato e faticoso. Perché è accompagnato da timori, da paure, dall'incertezza del futuro, dal disorientamento fisico del varcare la soglia di un luogo che non si conosce.

A volte quando una persona entra in ospedale corre il rischio di sentirsi come una cartella clinica. Il lavoro in equipe tra i diversi operatori vorrebbe evitare questo disagio e riconoscere il malato in quanto persona nella sua unicità. Diversi operatori esprimono questa intenzione con le seguenti parole: "Ci piacerebbe accoglierti dandoti un nome e un volto, offrendo spazio alla tua dignità e al dramma che stai vivendo. Crediamo che nessuno possa capire quello che stai sperimentando in questo momento".
A tutti sarà capitato di ascoltare l'esperienza di amici, di parenti o conoscenti che affrontano l'inizio di un ricovero: i sentimenti di una persona che entra in ospedale sono sempre molto complessi.

Ci può aiutare ad entrare nella fatica del primo passo, l'ascolto di alcune testimonianze raccolte tra le corsie dell'ospedale. Sono la voce di chi soffre.

Aspettando la "sentenza"

[...] Pensa, ieri ero a Francoforte per un impegno di lavoro, come sempre sbattuto da un albergo all'altro; mi bastava un colpo di telefono alla segretaria per organizzare la giornata e per far fronte a tutti gli impegni che mi aspettavano... oggi sono qui in attesa di una diagnosi, in un mondo che non capisco. Questa stanza non è la mia, e non assomiglia per niente a quella della mia casa. Fino a ieri il mio tempo era dominato dalla fretta e dall'affanno... adesso quasi mi mancano. Al loro posto c'è l'incertezza e un senso di vuoto. Non so cosa farò tra 10 minuti. Aspetto!

Privati dell'intimità

[...] Ricordo i primi giorni del mio ricovero. Non avevo più le forze. Da tempo mi trascinavo con una stanchezza paralizzante. Pensavo a tutte le cose che avevo lasciato indietro: i figli, la casa, la roba da stirare... e tutto questo non faceva che accrescere la spossatezza e l'angoscia. Guardavo tutto dal letto in cui mi avevano sistemata e il mondo mi pareva irreale. La gente entrava e usciva, spesso senza chiedere permesso, presa dalle cose da fare, guardandomi come una tra le tante. Essere in pigiama, ma non nella mia camera: questo mi metteva a disagio, e farmi vedere così dagli altri mi sembrava una ferita alla mia intimità. Ero lì, ma contemporaneamente lontana, assente dal mio stesso corpo che non sentivo più mio.

Come un pacco postale

[...] Di lavoro faccio il corriere: trasporto un po' di tutto, lettere, pacchi, ecc. Trascorro le mie giornate sempre di corsa, una gara contro il tempo. Ma in ospedale il pacco sono io! Mi spostano da un piano all'altro; passo da un laboratorio all'altro, da un esame ad una visita; i volti cambiano continuamente; a volte mi lasciano a sedere in lunghe attese. Mi sembra di essere dentro una catena di montaggio, passo da una macchina all'altra, strumenti complessi e sofisticati che non capisco. Spero almeno che tutta questa tecnica possa restituirmi, se non la vita di prima, almeno un po' di salute... chissà!

C'è sempre una prima volta

[...] Pensa se a 72 anni mi doveva capitare di fare la mia prima esperienza in ospedale. Sono sempre stata una donna sana. Entravo in ospedale soltanto per trovare qualche ammalato. C'è stato un periodo in cui l'ho fatto anche come volontariato, ma non ho mai provato tanta paura come il giorno in cui sono entrata per sottopormi a degli esami che il medico mi ha prospettato come urgenti e inderogabili. Per fortuna all'inizio c'era mia figlia. Ma ad un certo punto mi sono trovata da sola. Proprio nel momento di maggiore incertezza mi hanno soccorso degli sguardi e delle presenze amiche. La prima è stata la mia vicina di stanza. Ha capito subito che ero un po' nel panico. Mi ha aiutata a sistemare le cose. Mi ha dato quei piccoli consigli per la vita quotidiana in una stanza di ospedale. Poi c'è stata un'infermiera. Tante sono gentili, ma lei è stata particolarmente attenta, delicata come se fossi sua figlia. Ed infine ricordo del bene che mi ha fatto il primo incontro con un medico: io ero spaventata, ma lui mi ha messa a mio agio. Mi ha dedicato tanto tempo e mi sono sentita accolta e compresa.

Domande di una vita che cambia

[...] Caro don A., le scrivo dall'ospedale, dove sono ricoverato da alcuni giorni. La mia preghiera è profondamente cambiata da quando mi hanno diagnosticato il tumore. Prima era facile ringraziare e chiedere nella preghiera, ora riesco solo a porre delle domande a Dio, ma non sono affatto sicuro che mi ascolti e possa darmi delle risposte. Mi chiedo: perché proprio a me? Perché proprio ora? Cosa ho fatto di male? Se Dio è davvero onnipotente, perché permette che la gente si ammali, soprattutto i bambini che vedo attorno a me? Che cosa devo chiedergli: di guarire, un miracolo? Cosa sarà domani? Ho paura soprattutto del dolore, del mio, delle mie reazioni, ma anche del disagio che tutto questo arrecherà a chi mi sta vicino... mi aspettano tempi difficili e le confesso che ho molta paura...

Raccogliendo le confidenze

Questi stralci di confidenze sono soltanto un piccolo squarcio nel mondo dei sentimenti e degli affetti che sono in gioco nel cuore dell'umanità che abita le stanze di una struttura sanitaria. Ci sembra importante condividerle perché crediamo che una persona che entra in ospedale non sia soltanto un oggetto rotto da rimettere a posto, ma un corpo fatto della sua storia, del suo spirito, della sua biografia, dei suoi stati d'animo, delle sue relazioni... Le domande e i sentimenti che porta nel cuore sono una parte fondamentale della sfida nel cammino della cura.

Pensiamo che tra i tanti interrogativi si affacci anche una domanda religiosa. A volte questo è il momento in cui si riapre una questione con Dio.

2

Una possibilità che si apre

Entrare con rispetto

Le parole che stai leggendo vogliono esprimere il desiderio di stare accanto a chi entra in ospedale. Non è semplice riuscire ad essere realmente vicini alla persona ammalata con la cura medica e con le attenzioni alla vita quotidiana; ma sappiamo bene come sia ancor più delicato entrare nelle questioni spirituali. È difficile dire qualcosa riguardo a quanto una persona sta vivendo nell'intimo, rispetto al senso della vita, ai valori che ne danno significato, alla fede, a Dio, alle sue speranze e alle sue attese.

Abbiamo imparato a diffidare delle frasi fatte e delle risposte che pretendono di risolvere tutto. La relazione tra Dio e l'uomo colpito dalla malattia rimane un mistero sempre nuovo davanti al quale ci è chiesto di avvicinarci con timore e trepidazione. Tornano alla mente le parole che Dio pronuncia a Mosè nell'episodio del roveto ardente. «Non avvicinarti oltre! Togliti i sandali dai piedi, perché il luogo sul quale tu stai è suolo santo!» (Es 3,5).

Il rischio di tutti noi è di essere sbrigativi, troppo rapidi nel dare le risposte, troppo superficiali nel porci le domande, con la paura di fermarci, con il disagio dei silenzi, con la fretta con cui cerchiamo tutti, nella vita, di fuggire gli imbarazzi e le situazioni davanti alle quali siamo disarmati e fragili.

Perché sia possibile un incontro autentico ci è chiesto il coraggio di una sosta. Il tempo della malattia ci appare anzitutto pieno di spazi vuoti, difficili da interpretare: forse sono l'occasione opportuna, anche se non voluta e desiderata, per ritrovare e dare ordine a tante cose, dentro e fuori di noi. Ci sono molti modi di procedere ad un riordino della propria vita e non tutti si rivelano utili: qualcuno di essi può apparire addirittura fuorviante. Alcuni stili nel vivere il profilo spirituale della malattia si rivelano sentieri che non conducono in nessun posto.

Dalle ferite, le domande

Accompagnando le persone ammalate abbiamo imparato che il momento più delicato, ma anche più promettente, è quando dalla ferita di una vita colpita dal male sgorgano domande profonde; a volte escono in modo scomposto, incerto, confuso, ma sono domande vere.
Le prime che nascono sono quelle che non hanno una risposta: perché a me, perché proprio io, cosa ho fatto di male, adesso cosa sarà della mia vita, è stato inutile tutto

quello che ho costruito, è stato vano tutto il mio cammino di fede, ha un senso tutto quello che mi sta accadendo? Sono domande che rimangono aperte; e anche laddove abbozziamo delle possibili risposte, nel tempo si rivelano sterili e poco convincenti. Ma forse questi interrogativi ci spingono a scendere ancor più nel profondo: chi sono io? Quale la verità del mio umano? Per chi è importante la mia vita? Quali sono i valori, i beni e le cose buone e vere capaci di reggere l'urto e la scossa che la malattia, come un terremoto, provoca nella mia vita? Quali sono le cose che mi sono perso, che ho tralasciato o sciupato, che mi sono dimenticato di curare e custodire?

Altre domande riguardano in maniera più forte le relazioni. Ti accorgi di quanto un incontro possa cambiare la qualità dei tuoi giorni, e come una visita possa darti fastidio ed essere falsa ed un'altra portarti sorpresa e gioia. Ma allora, qual è la verità delle mie relazioni? Chi mi vuole veramente bene? A chi tengo sopra ogni cosa? Per chi vorrei vivere e per questo continuare a lottare e anche guarire? Chi mi sostiene e da chi mi vorrei lasciare aiutare? Chi vorrei incoraggiare perché la sua presenza mi sarebbe cara? Su chi non vorrei pesare con la mia malattia?

Il peso delle parole

In un momento come questo cambia il peso delle parole. Ripensiamo alle parole che non abbiamo saputo pronunciare: forse ci piacerebbe imparare a ridirle. A qualcuno vorremmo chiedere scusa, ad altri vorremmo aver detto più spesso ti voglio bene. Magari proprio questi momenti sono quelli nei quali ritrovare il coraggio di cercare parole vere da regalare e consegnare alle persone che ci stanno a cuore.

Nella vita di ogni giorno ci sono parole o frasi che sono soggette all'usura. Espressioni come: "ti amo", "sei importante per me", rischiano di essere pronunciate fuori tempo e fuori luogo e di smarrire la loro forza originaria. Dette in una condizione particolare come quella della malattia assumono una rilevanza diversa. Perfino le parole più solenni ("nella gioia e nel dolore, nella salute e nella malattia") vengono percepite con una densità nuova e si caricano di un contenuto differente: non sono più soprattutto affermazioni di alto profilo, ma recano in sé l'intensità di una vita vissuta.

Nasce una diversa consapevolezza riguardo alle parole pronunciate e si comprende quanto esse possano davvero esprimere un affetto, un rifiuto, un'accoglienza, una distanza. Questo ci insegna a non abusarne ma a custodirle con cura. Anche Gesù nel momento della passione non dice molte parole ma regala ai suoi quelle vere che esprimono il senso della sua intera esistenza: quello di un amore incondizionato.

La volontà male-*detta*

Occorre sciogliere un malinteso legato a ciò che è o sembra essere la volontà di Dio. È una parola che nei momenti del dolore suona come una maledizione, ma che più semplicemente è spesso male-detta, ovvero interpretata nella maniera sbagliata.
Diventa particolarmente difficile nella malattia ritrovare il modo con cui stare davanti a Dio: spesso si attribuisce a lui tutto ciò che accade e di cui non sappiamo dare risposte persuasive. Con frequenza si giunge a liquidare frettolosamente il difficile compito di ripensare la domanda di fede attraverso l'espressione: "È volontà di Dio". «Si attribuisce alla volontà di Dio un male, una malattia, una sofferenza, una morte invitando così ad un atteggiamento di rassegnazione fatalistica. [...] "Bisogna accettare la volontà di Dio": questa frase detta al capezzale di un malato, che cosa rivela? L'imbarazzo di chi non sa cosa dire e pur tuttavia si sente in dovere di dire qualcosa» (Luciano Manicardi).

Un altro rischio è quello che ci induce a pensare che la malattia sia un castigo di Dio, una pena inflittaci per i nostri peccati, per i nostri errori o i nostri comportamenti scorretti.

In positivo pensare alla volontà di Dio significa fare riferimento diretto alla figura di Gesù nel momento della sua sofferenza. «Il Cristo che al Getsemani prega: "non ciò che voglio io, ma ciò che vuoi tu…sia fatta la tua volontà" non indica certo che il Padre voglia la morte cruenta del Figlio, ma che il Figlio, nell'amore per il Padre e nella dedizione alla sua missione, si dispone a viverne anche un esito non voluto e non desiderato facendo la volontà di Dio, cioè amando e donando fino alla fine» (Luciano Manicardi).

Qualcosa da offrire?

Un altro malinteso che si può creare di frequente è legato ad un'espressione che sentiamo ripetere quando ci si accosta ad un malato: "offri la tua sofferenza al Signore". Si può veramente offrire qualcosa di negativo, di brutto? Non possiamo dire che la malattia sia qualcosa di buono, men che meno la sofferenza fisica e interiore che ne deriva. Come scrive Xavier Thévenot:

«La sofferenza in sé distrugge, il "piacere" di Dio non dovrebbe essere nel ricevere qualcosa che rovina. Dio, invece, trova la sua gioia nel ricevere ciò che costruisce l'uomo». In che senso allora possiamo intendere l'invito ad offrire a Dio la sofferenza? L'offerta rimane sempre e comunque quella della nostra vita tutta intera. Noi la offriamo a Dio senza perdere la fede anche nel momento in cui questa vita appare mortificata e sfigurata, sapendo che rimane intatta nelle sue mani.
Quando dico a Dio "ti offro la mia sofferenza" in realtà gli dico: "Ti offro la consapevolezza e la certezza che la mia vita anche in questo momento di fatica e di scoraggiamento, è una vita buona, che vale. Te la offro così com'è sapendo che al di là delle apparenze è una vita attraverso la quale tu continui a fidarti di me".
È pur vero che talvolta la sofferenza può diventare uno spazio in cui rinasce qualcosa di nuovo nella vita di un uomo. Allora, offrirla a Dio significa consegnare nelle mani del Signore ciò che attraverso la sofferenza sto diventando: una persona capace – per esempio – di avere maggiore attenzione all'altro, in grado di gustare le gioie quotidiane dell'esistenza e che impara a dire grazie.

Quale posto per Dio?

Forse un'ultima domanda si nasconde e si affaccia dentro tutte le altre: chi è Dio in questo momento per me? Esiste davvero? Sta dicendo qualcosa alla mia vita? Dove si nasconde? Dove si rivela? Dove posso trovarlo?

Crediamo che questa sia una delle opportunità che si dischiude nel tempo della malattia: riaprire lo spazio di una ricerca, la possibilità di una relazione con Dio. Come in ogni legame vero non siamo in grado di dire come siano l'inizio, la fine, il percorso; in gioco ci sono due libertà, la tua e quella di Dio stesso.
Per questo sono molteplici i modi con cui ci si rivolge a Dio in questi momenti. Anche la ribellione, la rabbia e la delusione sono un modo di dialogare con il Signore. Se volessi aprire le pagine della Bibbia troveresti parole sorprendenti: spesso gli amici di Dio sono quelli che più si arrabbiano con lui. Proprio in questi momenti si purifica la nostra preghiera e il nostro modo di parlare al Signore, cadono le parole inutili e rimangono quelle vere. Impariamo a chiedere senza vergogna, ritroviamo la confidenza di affidarci, il coraggio di intercedere per gli altri e l'umiltà di domandare una preghiera per sé.

3

Perché nessuno cammini solo

Il tono della nostra comunicazione ora vorrebbe diventare più colloquiale. Ti vorremmo parlare in prima persona. Ci piacerebbe offrirti, a partire dalla nostra esperienza, qualcosa che ha fatto bene a noi e all'ammalato nell'incontro delle nostre vite. Una delle cose fondamentali che ci sembra di aver colto è un bisogno di qualcuno che stia accanto e che tenga compagnia nel momento della sofferenza, "perché nessuno cammini solo".

Compagni di strada

In questo viaggio speriamo tu possa incontrare tanti amici e compagni di strada. Molte persone potranno rivelarsi presenze preziose: le confidenze che hai potuto leggere all'inizio ne sono una testimonianza. Il volto di uno sconosciuto rivela all'improvviso la bellezza di un'amicizia imprevista; persone che avevi dimenticato o sulle quali non avevi scommesso ti si affiancano con una dolcezza e un'attenzione inaspettata; affetti nei quali hai sempre creduto rivelano di nuovo tutta la loro forza e la loro profondità.

Ciò di cui avvertiamo tutti un immenso bisogno, è la qualità umana dei rapporti e dei legami. In questi anni ci ha sorpreso questa scoperta: l'ospedale può diventare una scuola di grande umanità. Delle volte, guardando il mondo con tutte le sue contraddizioni e le sue volgarità, ci viene da dire che l'uomo vero lo trovi qui, con le sue domande, le sue fatiche e le sue speranze.

Sostenere lo spirito

In questo luogo la nostra presenza è semplicemente un'opportunità. Ci piacerebbe con te ritrovare ciò che dà senso alla nostra vita, ciò che ci aiuta a sostenere la fatica e la lotta di questo momento. Sentiamo il desiderio di riscoprire ragioni vere per una speranza che non muore anche nei momenti di oscurità. Un percorso così ci aiuta a ritrovare risorse nuove e inaspettate per combattere il male e per sostenere il nostro giusto desiderio di una vita buona.

Tutto questo lo facciamo a partire dalla nostra fede. Siamo credenti e come per ogni uomo le domande vere della vita ci stanno a cuore e rimangono sempre come ferite aperte anche dentro di noi. Siamo qui in nome della Chiesa, una Chiesa che crede che il tempo della malattia non sia senza significato. Ci sentiamo alleati con tutti coloro che combattono il male con te e per te.

La gratuità dell'ascolto

In questa vicinanza che ti vogliamo porgere sappiamo di poterti offrire strumenti molto semplici. Il primo è la disponibilità all'ascolto. Vorremmo farlo senza pregiudizi, superando le barriere culturali e religiose, preoccupati soprattutto di accoglierti per quello che sei, con la tua umanità, con quello che ci vorrai dire e anche con ciò che vorrai tacere. Ci rendiamo disponibili per ascoltarti senza altro scopo che quello di offrire uno spazio aperto di relazione. Siamo anche pronti a contattare i ministri del culto di altre confessioni cristiane o della tua religione. Ci rendiamo conto che l'ascolto, quando è autentico, non può che essere reciproco. Non siamo solo noi ad ascoltare te o tu ad ascoltare noi: il canale della comunicazione deve essere libero in entrambe le direzioni. Quando si dialoga in piena libertà, capita qualcosa di imprevedibile che va oltre la presenza e le parole di chi si pone a confronto. È uno spazio misterioso, eccedente; può diventare possibile "baricentro" quando tutto è incerto ed estraneo. Si cammina insieme e talvolta si giunge alla scoperta del "di più" che ogni relazione autentica reca con sé, senza avere la pretesa di possederla in tutte le sue dimensioni.

L'offerta della preghiera

La seconda opportunità che vorremmo offrirti sono momenti di preghiera: la messa quotidiana, la disponibilità per la confessione, la preghiera di una comunità che intercede per te. Se ti è impossibile partecipare alla Messa puoi chiedere di ricevere l'Eucaristia nella tua camera. I sacerdoti, le suore o i ministri straordinari si metteranno a tua disposizione. L'Eucaristia è il pane del cammino per chi fa fatica, segno di comunione con la Passione di Cristo e principio di unità con tutta la Chiesa che è particolarmente vicina a chi soffre.
La malattia cambia i ritmi, i tempi e le dimensioni della vita quotidiana. Nulla da stupirsi se cambia anche il modo di pregare. Poiché la preghiera nasce dentro la vita, quando questa cambia è la preghiera stessa a mutare nel suo linguaggio e nei suoi tempi.
Per qualcuno l'esperienza della sofferenza segna l'inizio di un nuovo rapporto – seppur faticoso – con Dio, a volte dopo anni di apparente distanza. Per altri si aprono spazi inediti di aridità e di deserto interiore: quel Dio che sembrava così tenero e vicino, appare all'improvviso irrimediabilmente ostile e lontano. In momenti come questi fa bene sentirsi sostenuti dalla preghiera e dalla fede di altri.

Nel momento della malattia si comprende che il senso autentico della preghiera consiste nel gustare la relazione con il Dio vivente che non abbandona mai i suoi figli, neppure nel momento della prova. Come scrive il Cardinal Martini: «Possiamo anche lottare con Dio come Giacobbe, dubitare e dibatterci come Giobbe, rattristarci come Gesù e le sue amiche Marta e Maria. Anche questi sono sentieri che portano a Dio».

4

Il balsamo della tenerezza di Dio

Il segno dell'*Unzione degli infermi*

Un ulteriore strumento che la tradizione della nostra fede ci consegna è il sacramento dell'*Unzione degli infermi*. Su questo sacramento riteniamo necessario offrire qualche parola circa il suo vero significato, sgombrando il campo da possibili fraintendimenti.
A volte si vivono i gesti della fede in forma magica. Cerchiamo un talismano che ci protegga da forze maligne, da sorti infauste, immaginiamo che certi gesti e certe parole abbiano la potenza di ottenere facili guarigioni, immediati benefici.
Occorre invece ricordare che i sacramenti sono sempre segni della fede. Esprimono la nostra confidenza e la nostra fiducia in Dio, ci aiutano perché ci invitano a non disperare e a credere nell'amicizia e nell'amore di Dio per noi.

Uscire dagli equivoci

Un'altra ragione di fraintendimento è data dal fatto che la tradizione ha spesso interpretato questo come il sacramento dei "moribondi", da qui il termine "estrema unzione". A volte ci chiamano per amministrare questo sacramento soltanto quando una persona non è più cosciente, per non spaventarla – ci dicono – per non farla agitare. In questo modo si impoverisce un segno che intende confermare e rafforzare la fede di chi consapevolmente cerca un aiuto nella malattia. Fuorviante è anche l'interpretazione di chi pensa che l'unica porta d'accesso alla Salvezza sia quella legata al sacramento ricevuto. Dio vuole bene ad ogni uomo, Egli stesso si identifica in particolare con coloro che vivono l'esperienza della sofferenza. Dio ha tanti modi di volerci bene: il sacramento è uno - non l'unico - di questi.

I gesti della consolazione

Che cosa ci dice questo sacramento? I segni con cui si esprime, nella loro semplicità, riescono a comunicare molto. Dapprima si impongono le mani invocando lo Spirito: in Lui anzitutto cerchiamo sostegno e conforto. L'unzione con l'olio fatta sulla fronte e sulle mani, intende richiamare il beneficio e il sollievo che si vuole arrecare al malato e nel contempo domanda la forza per affrontare la lotta contro il male.
Questo segno compiuto dal sacerdote vuole esprimere la vicinanza e la premura di tutta la Chiesa, di tutti coloro che amano e che sono vicini a chi soffre. Per questo è bello che il sacramento venga amministrato in una celebrazione condivisa con le persone più care.

CONCLUSIONE: INSIEME A MARIA

Stando in ospedale a fianco delle persone malate abbiamo riscoperto quanto sia importante la figura di Maria. Nei momenti del bisogno si cerca una presenza materna, capace di accogliere e consolare, di riaccendere la nostalgia profonda del cuore, che ci prenda per mano aiutandoci a scoprire in che modo Dio è ancora vicino ai suoi figli nel bisogno. La fede di Maria è davvero capace di interpretare ciò che viviamo nei momenti difficili della vita. Come lei vorremmo imparare a custodire nel cuore le domande, gli interrogativi, ma anche le promesse e le speranze che il Signore sussurra al nostro spirito attraverso la sua Parola.

Preghiere

Alla sera o in certi momenti di silenzio può nascere in te la voglia di pregare e insieme la fatica di trovare le parole giuste che esprimano questo tuo desiderio. Ti offriamo la possibilità di attingere alla ricchezza della tradizione spirituale attraverso alcune preghiere note e meno note. Usare le parole degli altri e cercare di farle proprie è un modo di sentirsi vicini a tutti i credenti che con te e per te pregano.

Padre nostro

La preghiera più conosciuta è anche la più bella.
È la preghiera di chi si sente sempre e comunque figlio.

Padre nostro,
che sei nei cieli,
sia santificato il tuo nome,
venga il tuo regno,
sia fatta la tua volontà
come in cielo così in terra.

Dacci oggi il nostro pane quotidiano,
e rimetti a noi i nostri debiti,
come noi li rimettiamo ai nostri debitori,
e non ci indurre in tentazione,
ma liberaci dal male.
Amen.

Ave Maria

Preghiamo Maria nei momenti di bisogno,
nell'ora della prova, "nell'ora della nostra morte".
Lei ci porta a Gesù.

Ave, o Maria,
piena di grazia,
il Signore è con te.
Tu sei benedetta fra le donne
e benedetto è il frutto del tuo seno, Gesù.

Santa Maria, Madre di Dio,
prega per noi peccatori,
adesso e nell'ora della nostra morte.
Amen.

Angelo di Dio

La tradizione cristiana ha sempre creduto
in una presenza tenera e affettuosa che custodisce
il cammino quotidiano.

Angelo di Dio, che sei il mio custode,
illumina, custodisci, reggi e governa me,
che ti fui affidato dalla pietà celeste.
Amen.

Protezione di Dio – Salmo 16

Il credente si fida delle promesse di Dio.
Anche nella prova la sua preghiera
cerca la via della salvezza e della vita.

Proteggimi, o Dio: in te mi rifugio.
Ho detto al Signore: «Il mio Signore sei tu,
solo in te è il mio bene».

Agli idoli del paese,
agli dèi potenti andava tutto il mio favore.

Moltiplicano le loro pene
quelli che corrono dietro a un dio straniero.
Io non spanderò le loro libagioni di sangue,
né pronuncerò con le mie labbra i loro nomi.

Il Signore è mia parte di eredità e mio calice:
nelle tue mani è la mia vita.

Per me la sorte è caduta su luoghi deliziosi:
la mia eredità è stupenda.

Benedico il Signore che mi ha dato consiglio;
anche di notte il mio animo mi istruisce.

Io pongo sempre davanti a me il Signore,
sta alla mia destra, non potrò vacillare.

Per questo gioisce il mio cuore
ed esulta la mia anima;
anche il mio corpo riposa al sicuro,

perché non abbandonerai la mia vita negli inferi,
né lascerai che il tuo fedele veda la fossa.

Mi indicherai il sentiero della vita,
gioia piena alla tua presenza,
dolcezza senza fine alla tua destra.

Preghiera nell'angoscia – Salmo 88

L'animo di chi prega a volte è invaso dalla disperazione.
Ma anche la disperazione può diventare preghiera.

Signore, Dio della mia salvezza,
davanti a te grido giorno e notte.

Giunga fino a te la mia preghiera,
tendi l'orecchio alla mia supplica.

Io sono sazio di sventure,
la mia vita è sull'orlo degli inferi.

Sono annoverato fra quelli che scendono nella foss
sono come un uomo ormai senza forze.

Sono libero, ma tra i morti,
come gli uccisi stesi nel sepolcro,
dei quali non conservi più il ricordo,
recisi dalla tua mano.

Mi hai gettato nella fossa più profonda,
negli abissi tenebrosi.

Pesa su di me il tuo furore
e mi opprimi con tutti i tuoi flutti.

Hai allontanato da me i miei compagni,
mi hai reso per loro un orrore.

Sono prigioniero senza scampo,
si consumano i miei occhi nel patire.

Tutto il giorno ti chiamo, Signore,
verso di te protendo le mie mani.

Compi forse prodigi per i morti?
O si alzano le ombre a darti lode?

Si narra forse la tua bontà nel sepolcro,
la tua fedeltà nel regno della morte?

Si conoscono forse nelle tenebre i tuoi prodigi,
la tua giustizia nella terra dell'oblio?

Ma io, Signore, a te grido aiuto
e al mattino viene incontro a te la mia preghiera.

Perché, Signore, mi respingi?
Perché mi nascondi il tuo volto?

Sin dall'infanzia sono povero e vicino alla morte,
sfinito sotto il peso dei tuoi terrori.

Sopra di me è passata la tua collera,
i tuoi spaventi mi hanno annientato,
mi circondano come acqua tutto il giorno,
tutti insieme mi avvolgono.

Hai allontanato da me amici e conoscenti,
mi fanno compagnia soltanto le tenebre.

De profundis – Salmo 130

La preghiera è come un grido:
nasce dall'intimo, dal profondo,
da una ferita che invoca ascolto e guarigione.

Dal profondo a te grido, o Signore;
Signore, ascolta la mia voce.
Siano i tuoi orecchi attenti
alla voce della mia supplica.

Se consideri le colpe, Signore,
Signore, chi ti può resistere?

Ma con te è il perdono:
così avremo il tuo timore.

Io spero, Signore.
Spera l'anima mia,
attendo la sua parola.

L'anima mia è rivolta al Signore
più che le sentinelle all'aurora.

Più che le sentinelle l'aurora,
Israele attenda il Signore,

perché con il Signore è la misericordia
e grande è con lui la redenzione.

Egli redimerà Israele
da tutte le sue colpe.

Nunc dimittis – Luca 2, 29-32
È la preghiera con cui la liturgia conclude ogni giornata.
Il vecchio Simeone quando prende tra le braccia
il piccolo Gesù trova parole di affidamento e di speranza.

«Ora puoi lasciare, o Signore, che il tuo servo
vada in pace, secondo la tua parola,
perché i miei occhi hanno visto la tua salvezza,
preparata da te davanti a tutti i popoli:
luce per rivelarti alle genti
e gloria del tuo popolo, Israele».

BRABIT TIBI

Padre mio mi abbandono a te

Pregare è mettersi nelle mani di Dio.
Quando si è nelle Sue mani
ci si sente custoditi nel cammino.

Padre mio,
mi abbandono a te,
fa di me ciò che ti piace.
Qualunque cosa tu faccia di me
io ti ringrazio.
Sono pronto a tutto,
accetto tutto.
Purché si compia la tua volontà in me
e in tutte le tue creature
non desidero nient'altro, mio Dio.
Rimetto la mia anima nelle tue mani,
te la dono, mio Dio,
con tutto l'amore che ho nel cuore,
perché ti amo,
e perché ho bisogno di amore,
di far dono di me,
di rimettermi fra le tue mani senza misura,
con infinita fiducia.
Perché tu sei mio Padre.

Charles de Foucauld

Prendi gli anni che mi restano

Nei momenti difficili tutto vacilla:
ma il credente prega perché tutto sia inclinato,
proteso verso Dio.

Inclina verso di te, o Dio,
quel poco che hai voluto che io sia.

Della mia povera esistenza,
ti supplico di prendere gli anni
che mi restano da vivere.

Quanto a quelli perduti,
ne provo umiliazione e pentimento.
Non disdegnare i miei rimpianti.

Ormai non vi è più in me
che il desiderio della tua saggezza
e un cuore, che ti offro.

Bernardo di Clairvaux

Nel nome di Dio, clemente, misericordioso

La preghiera fatta con cuore sincero
varca i confini delle appartenenze religiose.
Ogni uomo di fronte a Dio
si impegna a vivere
e impara a lasciarsi guidare.

Nel nome di Dio, clemente, misericordioso!
Lode a Dio, Signore dell'universo,
clemente, misericordioso,
re del giorno del giudizio!
Te solo adoriamo, te solo invochiamo in aiuto.
Guidaci sul retto sentiero:
il sentiero di coloro che hai colmato dei tuoi favori,
contro i quali non sei adirato,
e che non vagano nell'errore!

Preghiera musulmana -
Sura con cui si apre il Corano (1,1-7)

I misteri del Rosario

La recita del Rosario
ci introduce nel ritmo della preghiera
come il respiro scandisce la vita,
ci porta dentro il mistero di Dio
e insieme ci fa sentire portati
da una Chiesa che prega con noi
affidandosi a Maria.

Misteri della gioia (lunedì, sabato)

1. L'Annunciazione dell'angelo a Maria.
2. La visita di Maria a Elisabetta.
3. La nascita di Gesù nella capanna di Betlemme.
4. La presentazione di Gesù al Tempio.
5. La disputa di Gesù con i Dottori ed il suo ritrovamento nel Tempio.

Misteri della luce (giovedì)
1. Il Battesimo di Gesù nel Giordano.
2. L'autorivelazione di Gesù alle nozze di Cana.
3. L'annuncio del Regno di Dio con l'invito alla conversione.
4. La Trasfigurazione di Gesù.
5. L'istituzione dell'Eucaristia, espressione sacramentale del mistero pasquale.

Misteri del dolore (martedì, venerdì)
1. L'orazione e agonia di Gesù nell'orto.
2. La flagellazione di Gesù.
3. L'incoronazione di spine di Gesù.
4. La salita di Gesù al monte Calvario.
5. La morte di Gesù in croce.

Misteri della gloria (mercoledì, domenica)
1. La Risurrezione di Gesù.
2. L'Ascensione di Gesù al cielo.
3. La discesa dello Spirito Santo sopra gli Apostoli con Maria nel Cenacolo.
4. L'Assunzione di Maria al cielo.
5. L'Incoronazione di Maria Regina degli Apostoli e di tutti i Santi.

INDICE

REFERENZE FOTOGRAFICHE

Pag. 7 M. I.Rupnik con l'Atelier dell'arte spirituale del Centro Aletti, *I discepoli di Emmaus* (2003) (part).
Cappella del Seminario di Reggio Emilia. Foto Maria Codazzi.

Pag. 13 *Mosè davanti al roveto ardente* (fine sec.XIII).
Monte Sinai, Monastero di S.Caterina.

Pag. 23 P. F. Morazzone, *Lotta di Giacobbe con l'Angelo*.
Quadreria dell'Arcivescovado di Milano.

Pag. 29 A. Carracci (1560-1609), *Tobia guarisce il padre cieco* (part.).
Cassel, Museo Regionale.

Pag. 33 Raffaello, *Madonna della seggiola* (1513- 1514) (part).
Firenze, Galleria Palatina di Palazzo Pitti.

Pag. 42 Beato Angelico, *Annunciazione* (part) (1434-1435)
Cortona, Museo Diocesano.

Finito di stampare nel mese di febbraio 2012
da Boniardi Grafiche, Milano